DON BOSCO

Birgit Ebbert

Die 50 besten Klassenzimmerspiele

für 8- bis 12-Jährige

DON BOSCO

MiniSpielothek

**Gerne nehmen wir Ihre Anregungen,
Wünsche, Kritik oder Fragen entgegen:**
Don Bosco Medien GmbH, Sieboldstraße 11, 81669 München
anregungen@donbosco-medien.de
Servicetelefon: 089 / 48008-341

Bibliografische Information der Deutschen Nationalbibliothek

Die Deutsche Nationalbibliothek verzeichnet diese Publikation in der Deutschen Nationalbibliografie; detaillierte bibliografische Daten sind im Internet über http://dnb.d-nb.de abrufbar.

klimaneutral gedruckt
www.klima-druck.de
ID-Nr. 21105634
bvdm.

4. Auflage 2022 / ISBN 978-3-7698-2291-5

www.donbosco-medien.de
Umschlag: Manfred Lehner, Blue Cat Design
Umschlagfoto: 3dmavr/fotolia
Layout: Alexandra Paulus
Satz: Don Bosco Medien GmbH, München
Druck: Don Bosco Druck & Design, Ensdorf

Gedruckt auf umweltfreundlichem Papier

Inhalt

09 Tafelspiele
10 Kritzelorakel
11 Kunstschreiber
12 Burgen bauen
14 Streichholzrätsel
16 Montagsmaler
17 Wörter verwandeln
18 Ganz geheim
20 Sudoku
22 Wortmaschine
24 Wörter mit eins bis zehn

25 Kreisspiele
26 Stille Post
27 Ich war gestern auf der Kirmes
28 Doppelmopper
29 Armer schwarzer Kater
30 Redensarten spielen
31 Am Paketband
32 Blinde Kuh
33 Hände hoch
34 Schlapp hat den Hut verloren
36 Beamen

37 Partnerspiele
38 Mit der Haut lesen
39 Buchstaben verbinden
40 Regentanz und Sonnenstreichler
41 Käsekästchen
42 Vier gewinnt
43 Em pom pi coloni
44 Blumen pflücken
46 Herz oder Kreis
47 Schere, Stein, Papier
48 Tisch-Billard

50 Tischspiele
51 Wörter von A bis Z
52 Ich sehe ein Wort, das du nicht siehst
54 Passkontrolle
55 Zungenbrecher-Werkstatt
56 Wortschlange
57 Kreismonster mit Dreieckhut
58 Bingo
60 Namenrätsel
61 Alle Flummis springen hoch
62 Ein Bild nachzeichnen

63 Bewegungsspiele
64 Jack saß in der Küche mit Tina
66 Lirum, larum, Löffelstiel
67 Tauschgeschäft
68 Denkmal
70 Mein Board, das hat vier Räder
72 Achterbahn
74 Luftballonjagd
75 Frage-Ball-Spiel
76 In allen vier Ecken
78 Tierpark

Lehre tut viel,
aber Aufmunterung tut alles.

Johann Wolfgang von Goethe

Tafelspiele

Kritzelorakel

Für dieses Spiel wird in der ersten Runde ein Freiwilliger gesucht. Diesem werden die Augen verbunden und dann geht es los. Der Spieler malt mit der Kreide auf die Tafel, bis die Spielleitung – nach etwa einer halben Minute – „Stopp“ ruft. Er nimmt die Augenbinde ab, geht an seinen Platz und nun fantasieren alle gemeinsam, was das Werk für ihn bedeuten könnte, zum Beispiel, dass er einen Hund bekommt, wenn das Bild wie ein Hund aussieht, oder dass er Straßenbahnfahrer wird, wenn das Ganze wie ein Streckenplan wirkt. Sobald der Zeichner mit einer Lösung zufrieden ist, ist der nächste Spieler an der Reihe.

Material

Schal oder Tuch

Kunstschreiber

Die Spielleitung schreibt die Buchstaben eines Wortes in Großbuchstaben so an die Tafel, dass die Buchstaben übereinander liegen und eine Art Schnittmuster bilden. Dabei sollte nicht die Reihenfolge aus dem Wort gewählt werden. Die Spieler versuchen die Buchstaben zu entschlüsseln und daraus ein sinnvolles Wort zu bilden. Jeder schreibt seine Lösungen auf. Am Ende wird verglichen, welche Wörter gefunden wurden.

Variation

Die Wörter werden nicht aufgeschrieben, sondern in die Klasse gerufen. Wer als Erster das richtige Wort nennt, bekommt einen Punkt oder darf als Nächster ein Wort kunstvoll an die Tafel schreiben. Dabei sollte darauf geachtet werden, dass das Wort richtig geschrieben wird und höchstens sieben Buchstaben enthält.

Burgen bauen

Dieses Spiel ist eine Variation des „Galgenmännchens“. Das Prinzip ist dasselbe. Die Spielleitung oder ein ausgewählter Spieler denkt sich ein Wort aus und zeichnet für jeden Buchstaben einen kurzen waagerechten Strich auf die Tafel. Die Spieler nennen reihum jeweils einen Buchstaben. Kommt der Buchstabe in dem Wort vor, wird er an der richtigen Stelle eingetragen. Kommt der Buchstabe nicht vor, wird in elf Strichen ein Schloss mit zwei Türmen auf einem Berg gezeichnet:

1.: Einen Halbkreis ziehen, der einen Berg darstellt.

2. bis 5.: Links und rechts auf dem Berg jeweils zwei Striche nebeneinander zeichnen, die die Türme bilden werden.

6. bis 9.: Die Türme oben jeweils mit zwei zu Spitzdächern angeordneten Strichen schließen.

10.: Auf halber Höhe zwischen die Türme einen geraden Strich ziehen als Dach des Burggebäudes.

11.: Auf dem Berg innerhalb des Burggebäudes einen Bogen als Tor zeichnen.

Variation 1

Statt einer freien Wortauswahl wird die Wahl des Wortes auf ein Nomen oder Adjektiv zu einem Gegenstand im Raum beschränkt.

Variation 2

Es wird ein Wörterbuch bereitgelegt und alle Spieler müssen ein Wort aus dem Buch auswählen. Damit ist sichergestellt, dass die Wörter richtig geschrieben werden und Schüler, die die Rechtschreibung nicht oder noch nicht beherrschen, ohne Misserfolge mitspielen können.

Material

evtl. Wörterbuch

Streichholzrätsel

Zur Vorbereitung auf dieses Spiel sollte – je nach Aufteilung der Tische in der Klasse – jeder Spieler, die beiden Nachbarn oder die Tischgruppe etwa zehn Streichhölzer oder alternative Stäbchen erhalten oder auswählen. Die Spielleitung zeichnet ein Streichholzrätsel an die Tafel und stellt die Aufgabe. Der Schwierigkeitsgrad der Aufgabe richtet sich nach dem Alter und der Kenntnis der Spieler. Die Spieler versuchen diese zu lösen, indem sie das Rätsel nachlegen und die Streichhölzer verschieben.

Beispielrätsel

- Verwandelt fünf Streichhölzer in eine Drei.
- Wie könnt ihr aus sieben Streichhölzern eine Acht legen?
- Legt sechs Streichhölzer so, dass ihr drei Dreiecke erhaltet.
- Welches Streichholz muss umgelegt werden, damit die Rechnung stimmt?

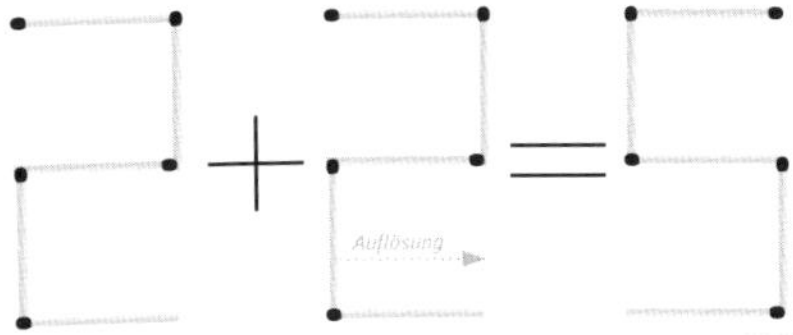

Material

Streichhölzer, Zahnstocher, Fröbelstäbchen, Schaschlikspieße oder Mikadostäbchen

Montagsmaler

Die Klasse wird in zwei Gruppen aufgeteilt. Jede Gruppe benennt einen Zeichner. Dieser erhält von der Spielleitung einen Begriff, den er an die Tafel malt. Die Spieler der eigenen Gruppe dürfen eine Minute raten, was gezeichnet wird. Die Spielleitung kann die Zeit mit einer Stoppuhr überwachen oder eine Ein-Minuten-Sanduhr umdrehen. Ist die Zeit um und wurde der Begriff nicht erkannt, darf die andere Gruppe einmal raten. Diejenige Gruppe, die den Begriff errät, erhält den Punkt. Danach ist der Zeichner der zweiten Gruppe an der Reihe. Gewonnen hat die Gruppe, die am Ende die meisten Punkte gesammelt hat.

5

Material

Stoppuhr oder Sanduhr

Wörter verwandeln

Die Spielleitung schreibt zwei Wörter mit der gleichen Anzahl von Buchstaben untereinander und in großem Abstand zueinander an die Tafel. Die Aufgabe ist, durch Verändern jeweils eines Buchstabens aus dem ersten Wort das zweite zu bilden. Reihum dürfen die Spieler ein Wort nennen, das sich als nächstes eignen könnte. Gemeinsam wird entschieden, ob damit weitergearbeitet wird oder nicht. Wichtig ist: Es darf sich nur ein einziger Buchstabe von einem Wort zum nächsten ändern. Beispiel: Regen – Regel – Kegel – Kugel oder Regen – Segen – Segel – Kegel – Kugel.

Variation

Jeder Spieler hat ein Blatt Papier und einen Stift und löst das Worträtsel für sich allein. Diese Variante eignet sich besonders dann, wenn die Schüler zu verschiedenen Zeiten mit einer Aufgabe fertig werden und die ersten still beschäftigt werden müssen.

Ganz geheim

Zur Vorbereitung des Spiels wird das Alphabet an die Tafel geschrieben und darunter die Zahlen von 1 bis 26. Jeder Spieler darf sich ein Wort ausdenken und in die Geheimschrift übertragen, zum Beispiel: Hund – 8 21 14 4. Er nennt die Zahlenkombination und die anderen Spieler müssen diese entschlüsseln. Wer als Erster das Wort erkannt hat, darf es verraten und ist als Nächster an der Reihe, sein Geheimwort zu nennen.

Variation 1

Statt einer Buchstaben-Zahlen-Codierung gibt es einen Buchstaben-Buchstaben-Schlüssel, für den die Buchstaben versetzt untereinander geschrieben werden. Aus dem bisherigen A wird zum Beispiel ein E und aus dem B ein F usw. Dazu lässt sich leicht aus zwei Pappkreisen und einer Musterklammer eine Schablone basteln. Mithilfe einiger vorbereiteter Texte können auf diese Weise immer wieder Schüler still beschäftigt werden, während die anderen noch arbeiten.

Variation 2

Wer Freude an Geheimschriften hat, kann auch eine eigene Geheimschrift aus Symbolen erfinden und einige Wörter übersetzen. Dann empfiehlt es sich, den Schlüssel als Kopie bereitzustellen, damit er nicht jedes Mal an die Tafel geschrieben werden muss.

Material

evtl. Pappkreise und Musterklammern

Sudoku

Die Spielleitung erstellt zur Vorbereitung Sudokus oder kopiert diese aus Vorlagen. Neben dem klassischen Sudoku mit vier 3 x 3-Quadraten und den Zahlen von 1 bis 9 sind kleinere Sudokus mit vier 2 x 2-Quadraten und den Zahlen von 1 bis 4 möglich. Letztere eignen sich vor allem für Schüler der ersten Klassen und Anfänger. Das passende Feld wird ohne Zahlen an die Tafel gemalt und es werden einige Zahlen eingetragen. Ziel ist, die Zahlen von 1 bis 9 oder von 1 bis 4 so in die Felder zu verteilen, dass in jedem Kästchen sowie in jeder senkrechten und waagerechten Reihe jede Zahl nur einmal vorkommt. Die Spieler dürfen Vorschläge machen, wo die fehlenden Zahlen stehen müssen, und das Sudoku wird gemeinsam gelöst.

Beispiel

1	2	3	4
3	4	2	1
2	1	4	3
4	3	1	2

Variation 1

Die Spieler übertragen das Sudoku auf ein Blatt Papier und lösen es jeder für sich.

Variation 2

Statt der Zahlen werden für ein 4er-Sudoku die Buchstaben eines Wortes verwendet. Sie dürfen wie beim klassischen Sudoku in jedem Kästchen sowie in jeder senkrechten und waagerechten Reihe jeweils nur einmal vorkommen.

Material

vorbereitete Sudokus

Wortmaschine

Bei diesem Spiel bilden die Spieler die Wortmaschine. Sie produzieren Wörter aus dem „Rohstoff“, den sie bekommen. Dieser „Rohstoff“ sind die Buchstaben eines möglichst langen Wortes. Die Spielleitung wählt ein beliebiges Wort, zum Beispiel „Radieschen“, oder ein auf ein aktuelles Lernthema oder Ereignis abgestimmtes Wort wie „Weltmeisterschaft“ oder „Regenwurm“. Dieses Wort wird in Großbuchstaben an die Tafel geschrieben. Die Aufgabe der Spieler ist, Wörter zu bilden, allerdings dürfen diese ausschließlich Buchstaben enthalten, die auch im „Rohstoff“-Wort vorhanden sind. Gibt es also wie in „Regenwurm“ zwei „e“, dürfen auch nur zwei „e“ verwendet werden. Die Spielleitung sammelt die gefundenen Wörter an der Tafel.

Variation

Dieses Spiel eignet sich als immerwährendes Spiel, das über die Stunde hinaus gespielt werden kann. Dann wird das „Rohstoff“-Wort am besten auf ein großes Papier geschrieben oder auf eine Seitentafel, die selten genutzt wird.

Schüler, die ihre Aufgaben erledigt haben, können weitere Wörter hinzufügen. Als Anreiz dürfen sie ihren Namen daneben schreiben und am Ende wird unter allen Wortproduzenten ein kleines Geschenk verlost.

Wörter mit eins bis zehn

Für dieses Spiel schreibt die Spielleitung mitten auf die Tafel ein Zahlwort zwischen eins und zehn. Aufgabe der Spieler ist, Wörter zu finden, in denen dieses Zahlwort vorkommt, zum Beispiel „**Macht**“. Wer ein Wort gefunden hat, geht nach vorne und schreibt es an die Tafel.

Variation

Das Spiel kann statt gemeinsam an der Tafel auch einzeln mit Stift und Papier gespielt werden. Gerade die Zahlen „eins“, „acht“ oder „zehn“ eignen sich gut, wenn schnell arbeitende Schüler Leerzeit überbrücken müssen. Der Lehrer schreibt die entsprechende Zahl an die Tafel und die Schüler schreiben still am Platz entsprechende Wörter auf, bis alle mit ihren Aufgaben fertig sind.

Kreisspiele

Stille Post

Am einfachsten ist dieser Spiele-Klassiker zu spielen, wenn die Spieler im Kreis sitzen oder stehen. Wenn das nicht der Fall ist, müssen eben Spieler, die am Rand einer Reihe sitzen, aufstehen und zum nächsten Spieler gehen. Die Spielleitung flüstert dem ersten Spieler ein Wort ins Ohr. Daraufhin wird das Wort flüsternd von Spieler zu Spieler weitergegeben. Der letzte Spieler sagt laut, welches Wort bei ihm angekommen ist.

Ich war gestern auf der Kirmes

Dieses Spiel ist eine moderne Variante des Klassikers „Ich packe meinen Koffer“. Die Spielleitung beginnt mit dem Satz „Ich war gestern auf der Kirmes und ...“ und ergänzt eine Attraktion, die man auf dem Jahrmarkt erleben kann, zum Beispiel „... war in der Geisterbahn“. Der nächste Spieler wiederholt den Satz und fügt eine eigene Attraktion hinzu. Dabei dürfen die Attraktionen wiederholt werden, allerdings müssen sie dann in der richtigen Reihenfolge mehrmals genannt werden. Das Spiel endet, wenn alle Spieler einmal alle Attraktionen aufgezählt haben, es kann aber auch jederzeit vorher beendet werden.

Variation

Alternativ werden die Spieler aufgefordert, zur Vorbereitung eine Kirmes-Attraktion auf einen Zettel zu schreiben oder zu malen. Jeder Spieler legt das Blatt vor sich, wenn er den Satz ergänzt.

Doppelmopper

Auch wenn das Spiel unter der Bezeichnung „Teekesselraten“ schon einige Generationen erlebt hat, hat es nichts von seiner Faszination verloren. Ein Spieler erklärt den Mitspielern einen Begriff, der mehrere Bedeutungen hat, ohne das Wort zu nennen. Zum Start des Spiels empfiehlt es sich, dass die Spielleitung mit den Spielern entsprechende Begriffe sammelt, z. B. Maus (Tier und Computer), Bank (Möbelstück und Geldinstitut), Krone (Zahnkrone und Königsschmuck), Pony (Reittier und Frisur). Die Spielleitung stellt das erste Rätsel und verwendet anstelle des gesuchten Wortes den Begriff „Doppelmopper“. Derjenige, der den Begriff erraten hat, darf den nächsten „Doppelmopper“ umschreiben.

Armer schwarzer Kater

Obwohl oder gerade weil dieses Spiel so alt ist, ist es schon wieder Kult. Die Spieler sitzen oder stehen im Kreis. Ein Spieler wird zum „Kater“ ernannt und mit einer Mütze, Plüsch-Ohrenwärmern oder Pappohren gekennzeichnet. Seine Aufgabe ist es, einen Spieler aus dem Kreis zum Lachen zu bringen. Dazu stellt oder hockt der „Kater“ sich vor den ersten Spieler, zieht Grimassen und miaut. Währenddessen streicht der Spieler dem „Kater“ über den Rücken und sagt: „Armer schwarzer Kater.“ Hat der Spieler es geschafft, dabei nicht zu lachen, zieht der „Kater“ weiter und versucht sein Glück beim nächsten Spieler. Der Spieler, der lacht, während der „Kater“ vor ihm kniet, ist der nächste „Kater“.

Material

Mütze, Pappohren, Ohrenwärmer aus Plüsch o. Ä.

Redensarten spielen

Für dieses Spiel bereitet die Spielleitung Kärtchen mit gängigen Redensarten wie „Morgenstund hat Gold im Mund“ vor. Je nach Alter der Spielergruppe erklärt die Spielleitung die Bedeutung der Redensarten. Anschließend werden die Karten gemischt und mit dem Text nach unten im Kreis verteilt, sodass vor jedem Spieler eine Karte liegt. Der jüngste Spieler beginnt. Er hebt die Karte, die vor ihm liegt, auf und stellt die Redensart szenisch dar. Die Mitspieler müssen raten, welche Redensart gemeint ist. Wer als Erster die Redensart erraten hat, ist als Nächster an der Reihe. Statt Redensarten können auch Songtitel oder Fernsehserien dargestellt werden.

Material

Karten mit Redewendungen, evtl. Karten mit Songtiteln oder Fernsehserien

Am Paketband

Vor Beginn des Spiels fassen sich alle Spieler und die Spielleitung bei den Händen und bilden einen Kreis. Die Spielleitung wählt einen Spieler aus, der als erster „am Paketband" steht. Die Aufgabe des Spielers, der hier als „Paketdieb" bezeichnet wird, ist, zu erkennen, wo sich das Päckchen, das herumgeschickt wird, gerade befindet. Die Spielleitung bittet den „Paketdieb", sich mit dem Rücken zu ihr zu stellen. Sie erklärt dann: „Ich schicke das Paket los." Dabei drückt sie die Hand des rechten oder linken Nachbarn. Damit ist das „Paket" übergeben und der Spieler, dessen Hand gedrückt wurde, muss das „Paket" durch einen festen Handdruck an seinen Nachbarn weiterleiten. Er sollte aber aufpassen, denn in der Mitte lauert der „Paketdieb". Dieser achtet darauf, welche Hände sich gerade fest drücken. Um den aktuellen Standort des Paketes herauszufinden, darf er fragen: „Wo ist das Paket jetzt?" Derjenige, der gerade drückt, muss wahrheitsgemäß antworten. Sobald das „Paket" gefunden wurde, ist der Spieler der nächste „Paketdieb", bei dem es gerade angekommen ist.

Blinde Kuh

Die Spieler stehen mit etwa einer Armlänge Abstand voneinander in einem Kreis. Die Spielleitung wählt einen Spieler aus, der in der ersten Runde die „Blinde Kuh“ darstellt. Die Augen des Spielers werden mit einem Tuch verbunden. Die Spielleitung stellt ihn mitten in den Kreis und dreht ihn einmal um sich selbst. Die „Blinde Kuh“ versucht, einen der Mitspieler zu berühren. Die anderen Spieler dürfen ihren Platz nur einen Schritt nach vorne, nach hinten oder zur Seite verlassen, sich bücken oder in die Hocke gehen, um der Hand der „Blinden Kuh“ auszuweichen. Der Spieler, den die „Blinde Kuh“ berührt, geht in die Mitte und versucht seinerseits als „Blinde Kuh“ einen der Mitspieler zu fassen.

Material

Tuch

Hände hoch

Die Spielleitung wählt einen Startspieler aus, der sich in die Mitte des Raumes stellt. Die anderen Spieler stellen sich möglichst dicht aneinander im Kreis auf. Die Spielleitung gibt hinter dem Rücken des Startspielers einem Spieler den Radiergummi oder einen anderen Gegenstand, der unauffällig in eine Hand passt. Die Spieler geben den Gegenstand hinter dem Rücken jeweils an den rechten Nachbarn weiter. Um herauszufinden, wo sich der Gegenstand gerade befindet, kann der Startspieler einen Richtungswechsel verlangen. Wenn er „Andere Richtung“ ruft, wird der Gegenstand in die andere Richtung weitergegeben. Glaubt er zu wissen, wo der Gegenstand ist, stellt er sich vor den betreffenden Spieler und ruft: „Hände hoch!“ Liegt er falsch, geht die Suche weiter. Liegt er richtig, wechseln die Spieler die Plätze. Der neue Startspieler schließt die Augen und zählt bis fünf. In dieser Zeit bestimmen die anderen, wo die nächste Runde des Gegenstandes startet.

Material

Radiergummi oder anderer kleiner Gegenstand

Schlapp hat den Hut verloren

Die Spieler sitzen im Kreis. Es wird einmal durchgezählt und jeder Teilnehmer erhält eine Zahl. Für das Spiel wird ein Hut benötigt. Die Spielleitung nimmt den Hut und wirft ihn einem Spieler zu, dabei sagt sie: „Schlapp hat den Hut verloren, xx (Zahl) hat ihn." Der Spieler mit der Zahl fängt den Hut und wirft ihn mit dem Satz weiter: „xx (eigene Zahl) hat ihn nicht, yy (Zahl eines anderen Spielers) hat ihn." Da das Spiel endlos gespielt werden kann, sollte die Spielleitung ein Zeitlimit setzen, sofern nicht das Ende der Stunde kurz bevorsteht und die Schulglocke das Schlusssignal bildet.

Variation 1

Dieses Spiel eignet sich gerade in der Grundschule, wenn es ein Klassenmaskottchen gibt. Dann kann dieses von Spieler zu Spieler geworfen werden und es heißt dann nicht „Schlapp hat den Hut verloren", sondern „Schlapp hat den x (Name des Maskottchens) verloren".

Variation 2

Bei einer einfachen Variante für jüngere Kinder oder Schüler mit geringer Konzentrationsfähigkeit werden statt Zahlen die Namen genannt.

Material

Hut, Ball oder Plüschtier

Beamen

Ältere Spieler werden dieses Spiel als „Zublinzeln“ kennen, zumindest das Prinzip ist gleich geblieben. Die Spieler tun sich zu zweit zusammen und stellen sich hintereinander im Kreis auf, wobei beide in die Mitte schauen. Die Hände werden an den Körper gelegt. Die Spielleitung oder ein Spieler, der keinen Partner hat, stellen sich ebenfalls in den Kreis. Sie versuchen einen der vorderen Spieler zu sich zu „beamen“, indem sie ihm zuzwinkern. Wenn die hinteren Spieler das Zwinkern bemerken, dürfen sie versuchen, den vorderen Spieler an den Hüften festzuhalten. Hat der vordere Spieler den Blinzler erreicht, stellt er sich hinter ihn. Der Spieler, der keinen Partner mehr hat, versucht durch Zwinkern einen Partner zu sich zu „beamen“.

Partnerspiele

Mit der Haut lesen

Für dieses Spiel verteilen sich die Spieler im Raum. Je zwei setzen oder stellen sich hintereinander. Der hintere Spieler schreibt mit dem Zeigefinger einen Buchstaben auf den Rücken des vorderen. Der vordere Spieler muss den Buchstaben erraten. Wenn das geschafft ist, werden die Rollen getauscht.

Variation 1

Statt eines Buchstabens wird eine Zahl mit einer vorher festgelegten Anzahl an Stellen auf den Rücken geschrieben. Sobald der vordere Spieler die Zahl erraten hat, werden die Plätze gewechselt.

Variation 2

Es werden Wörter mit zwei oder drei Buchstaben auf den Rücken geschrieben und erlesen.

Buchstaben verbinden

Die Spieler spielen zu zweit. Jeder der beiden Spieler schreibt verteilt auf einem Blatt Papier die Buchstaben von A bis Z. Wenn beide Spieler fertig sind, werden die Blätter getauscht. Der andere Spieler verbindet nun die Buchstaben von A bis Z mit einem dicken Stift. Entstehen einzelne Felder, so werden diese farbig ausgemalt. Beide Spieler suchen gemeinsam Titel für die Bilder.

Regentanz und Sonnenstreichler

Je zwei Spieler sitzen hintereinander. Der eine ist der „Wetterfrosch“, der das Wetter vorhersagen soll, und der andere ist der „Wettermacher“, der das Wetter bestimmt. Der „Wettermacher“ stellt mit seinen Händen das Wetter auf dem Rücken des „Wetterfroschs“ dar. Dieser muss das Wetter vorhersagen, also erraten, welches Wetter simuliert wird. Es empfiehlt sich, vorher festzulegen, wie die Wetter umgesetzt werden, zum Beispiel:

- Regen: sanftes Klopfen mit allen Fingern
- Sonne: leichtes Streicheln mit einer Hand
- Hagel: verteilte Stiche mit den Zeigefingern
- Gewitter: leichte Boxhiebe
- Schnee: mit den Fingern streichen und zum Schluss die ganze Handfläche auf den Rücken legen

Wird das Wetter erraten, werden die Rollen getauscht. Wird es nicht erraten, gibt es eine neue Wetterlage und es wird ein anderes Wetter simuliert.

Käsekästchen

Die Spieler spielen zu zweit. Zur Vorbereitung des Spiels zeichnet einer der Spieler auf ein kariertes Papier das Spielfeld, das maximal 10 mal 10 Kästchen umfassen sollte. Jeder Spieler wählt einen Stift in seiner Lieblingsfarbe. Abwechselnd ziehen die Spieler eine Seite eines Kästchens nach. Ziel ist, so viele Kästchen wie möglich zu schließen. Dabei kommt es nur auf den letzten Strich an und das Kästchen darf ansonsten auch Striche des Gegners enthalten. Wer ein Kästchen schließen kann, malt es in seiner Farbe aus. Das Spiel ist beendet, wenn alle Kästchen geschlossen sind. Dann wird gezählt, wer die meisten Kästchen ausgemalt hat. Dieser Spieler hat die Runde gewonnen.

Vier gewinnt

Dieser Spieleklassiker kann leicht mit Stift und Papier ohne große Vorbereitung gespielt werden. Jeweils zwei Spieler treten gegeneinander an. Zur Vorbereitung wird ein Spielfeld von 6 mal 6 Quadraten auf das Papier gezeichnet und jeder Spieler wählt einen Textmarker in seiner Lieblingsfarbe. Abwechselnd malt jeder Spieler ein Feld mit seinem Textmarker aus. Ziel ist, als Erster vier Felder ohne Unterbrechung nebeneinander in einer Spalte, Reihe oder Diagonale auszumalen.

Variation

Statt des Papiers kann ebenso gut die Tafel genutzt werden. Dort ist es möglich, dass zwei Gruppen gegeneinander antreten. Jede Gruppe bestimmt einen Zeichner. Der erste füllt ein Kästchen aus. Die andere Gruppe berät sich und malt dann ebenfalls ein Feld aus. Die Gruppen wechseln sich ab, bis eine der Gruppen vier Felder diagonal, neben- oder übereinander erreicht hat.

Em pom pi coloni

Bei diesem alten Partnerspiel setzen oder stellen sich zwei Spieler einander gegenüber. Sie sprechen die Verse: „Em pom pi coloni, colonastik, em pom pie, coloni, akademi safari, akademi puff puff." Dazu klatschen sie sich im Takt zuerst auf die eigenen Oberschenkel, dann in die Hände und dann gegen die Handflächen des Gegenübers. Bei „puff puff" piksen sie dem anderen Spieler mit dem Zeigefinger leicht in den Bauch.

Variation

Das Spiel eignet sich auch für mehrere Spieler. Diese sollten im Kreis stehen. Der Spruch und der Klatschrhythmus bleiben gleich, allerdings wird statt zum Gegenüber mit der rechten Hand die linke Hand des rechten Nachbarn abgeklatscht und gleichzeitig mit der linken Hand die rechte Hand des linken Nachbarn. Bei „puff puff" gehen alle Spieler in zwei Schritten in die Hocke.

Blumen pflücken

Das Prinzip dieses Spiels lehnt sich an den Klassiker „Schiffe versenken“ an. Jeder der beiden Mitspieler hat ein kariertes Blatt Papier und zeichnet darauf zwei Spielfelder mit je 10 mal 10 Kästchen ein. In die Kästchen entlang des linken senkrechten Randes werden die Buchstaben von A bis J geschrieben und über den oberen Rand in die Kästchen die Zahlen von 1 bis 10. Das eine Spielfeld ist das eigene „Blumenbeet“ und das andere das „Beet“ des Mitspielers. Es gibt zwei verschiedene „Blumen“, die jeweils zweimal von jedem Mitspieler in das eigene Feld gemalt werden:

- Tulpe: ein Kästchen, darüber die beiden Kästchen bleiben frei, aber rechts und links davon werden jeweils die beiden Kästchen übereinander ausgemalt (5 Felder)
- Rose: ein Kästchen, jeweils rechts und links diagonal ein Kästchen, das mittlere Kästchen bleibt frei und das Kästchen darüber wird ausgemalt (4 Felder)

Das Spiel kann beginnen. Die Spieler müssen darauf achten, dass der Gegner nicht in ihr Papier sehen kann. Abwechselnd nennt jeder Spieler die Bezeichnung eines Feldes wie A1 oder J10. Der andere Spieler prüft jeweils, ob er an dieser Stelle ein Kästchen markiert hat, und bestätigt oder verneint dies. Zudem kreuzt er bei einem Treffer das entsprechende Kästchen im eigenen Feld an oder malt es aus. Der fragende Spieler trägt in das leere Feld die Treffer ein, um sich ein Bild zu machen, wo die anderen Felder liegen könnten. Das Spiel ist beendet, wenn einer der Spieler alle Blumen des anderen Spielers gefunden hat.

Herz oder Kreis

Dieses Spiel kann überall gespielt werden – am Tisch mit Papier und Stift, aber auch im Sand, dann wird eben mit den Fingern geschrieben, und natürlich ebenso an der Tafel mit Kreide. Die Spieler spielen zu zweit. Bevor das Spiel beginnt, legen die Spieler fest, wer welches Zeichen nutzt: Herz oder Kreis. Außerdem wird ein kariertes Feld mit drei mal drei Kästchen aufgemalt. Nun kann das Spiel beginnen. Der erste Spieler malt in eines der Kästchen sein Symbol. Der zweite Spieler markiert ein anderes Kästchen. Ziel ist, als Erster drei Zeichen nebeneinander, übereinander oder diagonal zu setzen. Sobald das gelungen ist, ist die Spielrunde beendet und die Revanche kann beginnen.

Kleine Klimaschützer in Aktion

Andrea Erkert
Buch, 120 Seiten, illustriert, Notensatz mit Akkorden, inkl. Audio-CD 35 Minuten und MP3-Download

ISBN 978-3-7698-2533-6
€ (D) 25,00 | € (A) 25,70 | sFr. 30,00

Von 3 bis 6 Jahren

Alles rund um Klima- und Umweltschutz für Kindergartenkinder: Mit Gesang, Tanz und Spielen werden 3- bis 6-Jährigen Themen wie Mülltrennung, Energiesparen und Nachhaltigkeit nähergebracht – alles, was man als kleiner Klimaschützer wissen will! Komplettset aus Buch mit Spielanleitungen, Notensatz und Hintergrundwissen inklusive CD mit 12 Liedern.

Schnell oder langsam? Dick oder dünn?

Angela Gully
Box, 32 Karten, 9 x 13 cm, inkl. Begleitheft

EAN 426069492 031 2
€ (D) 14,00* | € (A) 14,40 | sFr. 17,80

Von 3 bis 6 Jahren

Welche Adjektive bezeichnen Gegensätze? Die 30 Karten bilden Paare, die jeweils Menschen, Tiere oder Gegenstände mit gegensätzlichen Eigenschaften darstellen – so werden spielerisch visuelle Wahrnehmung und Sprachgebrauch trainiert. Bildkarten zur Sprachförderung in Kita, Vorschule oder therapeutischem Bereich. Für Kinder von 3 bis 6 Jahren.

Kindliche Entwicklung verstehen und begleiten

Sybille Schmitz
Box, 55 Karten, DIN A5, inkl. methodischer Hinweise, inkl. Downloadcode

EAN 426069492 006 0
€ (D) 20,00* | € (A) 20,60 | sFr. 24,00

Wie können Erzieherinnen und Erzieher jedem Kind mit seinen Bedürfnissen, seinen Fähigkeiten und seinem Beziehungsumfeld gerecht werden? Komprimierte Infos, Handlungsempfehlungen und Reflexionsfragen helfen, fünf verschiedene Perspektiven auf das Kind einzunehmen. Damit gelingt es, im pädagogischen Handeln gleichermaßen Bedürfnisorientierung, Ressourcenorientierung, Beziehungsorientierung, Situationsorientierung und Kompetenzorientierung zu verwirklichen.

Schatzkarte der kindlichen Ressourcen

Sybille Schmitz
Plakat, DIN A1, gerollt, inkl. Vorlage zum Erstellen eines individuellen Ressourcen-Posters für Entwicklungsdokumentation und Portfolioarbeit

EAN 426069492 030 5
€ (D) 10,00* | € (A) 10,30 | sFr. 13,30

Plakat für den Aushang ↗

Talente, Bezugspersonen, liebenswerte Eigenschaften: Jedes Kind ist einzigartig und hat Ressourcen, aus denen es Kraft schöpft. Dieses Poster in DIN A1 ist nicht nur ein farbenfroher Blickfang in Kita, Familienbildungsstätten und Therapiepraxis, sondern veranschaulicht die vielen Bereiche, die als Kraftquellen zusammenspielen. Praktischer Impulsgeber für Elterngespräche und Vorlage zum Downloaden für individuelle Ressourcen-Plakate.

Jetzt nehmen die Kinder das Erzählen selbst in die Hand!

Die Erzählschiene ist das perfekte Medium zur individuellen Förderung von Kindern: in der Einzelarbeit, in Kleingruppen und an Lernstationen. Mit selbst gestalteten Figuren oder den spielfertigen Figurensets von Don Bosco setzen sie Geschichten oder Erlebnisse aus dem eigenen Alltag in Szene und versprachlichen sie dabei.

Videos, Praxistipps und Figurensets auf donbosco-medien.de/erzählschiene

Erzählschiene

Birke-Multiplexplatte,
40 x 15 cm, klar lackiert,
drei gefräste Führungsrillen,
CE-zertifiziert, mit methodischer Anleitung, Startergeschichte
€ (D) 29,00* | € (A) 29,30 | sFr. 34,80

EAN 426017951 456 2

inkl. Begleitheft mit Starterset „Lori auf See"

Szene aus „Benno Bär"

Schere, Stein, Papier

Dieses Spiel ist der Klassiker unter den Partnerspielen. Zwei Spieler sitzen oder stehen sich gegenüber und ballen die rechte Hand zur Faust. Sie schwingen die Fäuste voreinander und sagen dabei gleichzeitig: „Schnick, Schnack, Schnuck“ oder „Schere, Stein, Papier“. Auf der letzten Silbe öffnen sie die Fäuste und bilden eine der vier Figuren:

- Papier: flache, ausgestreckte Hand
- Stein: geballte Faust
- Schere: Zeige- und Mittelfinger zu einem liegenden „V“ nach vorne gestreckt und die anderen Finger eingeklappt
- Brunnen: Zeigefinger und Daumen zu einem Kreis zusammengelegt

Gewonnen hat das Spiel, wer die Figur macht, die die andere überwältigen kann:
Stein schlägt Schere, weil er sie zerstören kann. Schere schlägt Papier, weil sie es zerschneiden kann. Papier schlägt Stein, weil es den Stein einwickeln kann, und Brunnen, weil es den Brunnen abdecken kann. Brunnen schlägt Stein und Schere, weil beide in den Brunnen fallen und verschwinden können.

Tisch-Billard

Einer der beiden Spieler zeichnet in die obere Hälfte eines DIN-A4-Blattes ein Spielfeld von 10 mal 10 Quadraten, wobei ein Quadrat jeweils die Größe von 2 mal 2 Rechenkästchen umfasst. Jeder Spieler erhält einen Spielchip, z. B. eine 1-Cent-Münze. Die Spieler legen ein Quadrat als Zielquadrat fest, das sie mit ihrem Spielchip erreichen müssen. Jeder Spieler muss seinen Chip vom Rand in das Feld schnippen oder schubsen, allerdings darf er ihn bei jedem Zug nur einmal anstoßen. Dann ist der andere Spieler an der Reihe. Es ist erlaubt, den gegnerischen Spielchip mit dem eigenen Chip aus dem Weg zu schnippen, aber nur im Rahmen des einzigen Zuges pro Runde. Gewonnen hat, wer als Erster das Zielfeld erreicht hat.

Variation

Das Spielfeld wird wie oben vorbereitet und in die Kästchen verteilt der Zeichner die Zahlen von 1 bis 10. Die Spielleitung gibt eine Zahl von 1 bis 10 vor. Die Spieler jedes Zweier-Matchs müssen versuchen, mit ihrem Spielchip durch Schubsen und Schnippen mit dem Finger das Feld zu treffen.

Die beiden Spielpartner sind abwechselnd am Zug. In jeder Runde darf der Chip nur einmal bewegt werden. Gewonnen hat, wer als Erster das ausgerufene Feld erreicht hat.

Material

1-Cent-Stücke oder Spielchips

Tischspiele

Wörter von A bis Z

Das Spiel beginnt damit, dass die Teilnehmer auf ein Blatt Papier untereinander das Alphabet schreiben. Die Aufgabe besteht dann darin, dass jeder für sich oder gemeinsam mit einem Partner zu jedem Buchstaben ein Wort findet. Gewonnen hat, wer als Erster alle Buchstaben mit Wörtern versehen hat. Dabei ist die Wortart beliebig und es gelten auch Namen.

Variationen

- Um das Spiel leichter zu gestalten, dürfen die Spieler ein Wörterbuch benutzen.
- Statt die Wörter nur untereinander zu schreiben, versuchen die Spieler, die Wörter so zu wählen, dass sie Sätze oder gar eine Geschichte ergeben.
- Statt beliebiger Wörter wird ein Thema vorgegeben, auf das sich die Begriffe beziehen müssen.

Ich sehe ein Wort, das du nicht siehst

Das Spiel ist eine Schulvariation des Spieleklassikers „Ich sehe was, was du nicht siehst“. Zur Vorbereitung wird ein „Buchstabengitter“ angefertigt. Im ersten Schritt wird dazu eine Tabelle mit mindestens 15 Reihen und 25 Spalten benötigt. Die Felder werden auf folgende Weise mit Buchstaben gefüllt: Zunächst werden Wörter wie „Hand“, „Krokodil“ oder auch lernstoffbezogene Begriffe in die Tabelle eingetragen. Die restlichen Felder werden mit Buchstaben gefüllt, die keinen Sinn ergeben. Diese Tabelle wird über einen Overheadprojektor oder Beamer an die Tafel projiziert. Sie kann aber ebenso als Kopie an die Spieler verteilt werden. Die Spielleitung beginnt und beschreibt einen der Begriffe in der Tabelle, zum Beispiel: „Ich sehe ein Wort, das du nicht siehst. Das hat vier Buchstaben und beschreibt etwas, das fünf Finger hat.“ Die Spieler suchen dieses Wort in der Tabelle. Wer es gefunden hat, meldet sich. Er darf das Wort nennen und an der Tafel mit farbiger Kreide einkreisen. Anschließend beschreibt er den nächsten Begriff. Dazu sollte die Spielleitung ihm einen der versteckten Begriffe aufschreiben oder zuflüstern. Das Spiel ist beendet, wenn die Schulglocke läutet oder alle Begriffe erraten wurden.

Variation

Statt eines Buchstabengitters wird ein Bild an die Wand projiziert oder die Spieler schlagen eine Seite im Buch auf. Die Spielleitung beginnt wieder, allerdings mit dem traditionellen Satz: „Ich sehe was, was du nicht siehst, und das ist …" und nennt dann eine Eigenschaft.

Material

Buchstabengitter, evtl. Bild

Passkontrolle

Die Spielleitung bestimmt zwei Spieler als „Zollbeamte". Einer der beiden stellt sich vor die Gruppe. Er verzieht das Gesicht zu einer Grimasse. Die anderen Spieler müssen diese Grimasse nachmachen. Der zweite „Zollbeamte" vergleicht die Grimasse des Kollegen mit denen der Spieler und bestimmt, wer die Passkontrolle besteht. Aus denjenigen, die die Kontrolle nicht bestanden haben, bestimmen die „Zollbeamten" ihre Nachfolger.

Zungenbrecher-Werkstatt

Ziel dieses Spiels ist, eigene Zungenbrecher zu erfinden. Die Spielleitung gibt einen Buchstaben vor. Die Spieler sammeln jeder für sich Wörter, die mit diesen Buchstaben beginnen – jeweils mindestens zwei Nomen, zwei Adjektive und ein Verb. Anschließend bilden sie Sätze aus den Wörtern. Die Sätze müssen keinen Sinn ergeben, aber mindestens fünf Worte enthalten und grammatisch vollständig sein. Jeder Spieler schreibt seinen Zungenbrecher lesbar auf ein Blatt Papier. Die Spielleitung sammelt die Blätter ein, mischt sie und verteilt sie an die Spieler. Die Spieler lesen die Zungenbrecher vor.

Variation

Bei jüngeren Spielern oder wenn sich die Spieler schwertun mit der Aufgabe, werden die Wörter mit dem Buchstaben an die Tafel geschrieben. Reihum bildet jeder Spieler einen Satz mit mindestens fünf Wörtern und spricht ihn laut. Die anderen sprechen ihn schnell nach.

Wortschlange

Um eine Wortschlange zu bilden, sind weder Material noch Vorbereitung nötig. Die Spielleitung gibt ein Wort vor und bestimmt den Spieler, bei dem die Runde beginnt. Der Spieler nennt ebenfalls ein Wort, dieses muss jedoch mit dem letzten Buchstaben des ersten Wortes beginnen. Der Spieler neben ihm führt die Reihe fort. Er sagt ein Wort, das mit dem letzten Buchstaben des vorherigen Wortes anfängt. Das Spiel endet, wenn alle Spieler ein Wort genannt haben.

Variation

Für die Variation wählt jeder Spieler vor Spielbeginn ein Wort. Diese Variante kann nur im Stehen gespielt werden. Das Ziel ist, dass die Spieler sich in einer Reihe aufstellen. Aber dabei muss der Anfangsbuchstabe jedes Spielers mit dem Endbuchstaben des linken Nachbarn übereinstimmen. Dazu gehen die Spieler durch den Raum und fragen nach den Wörtern der anderen Spieler, bis sie jemanden gefunden haben, dessen Endbuchstabe mit dem eigenen Anfangsbuchstaben übereinstimmt.

Kreismonster mit Dreieckhut

Das Spiel beginnt damit, dass die Spielleitung die sechs Würfelbilder an die Tafel malt und jedem Bild eine geometrische Form zuweist. Jeder Spieler benötigt ein Blatt Papier und einen Stift. Anschließend würfelt entweder jeder Spieler für sich oder die Spielleitung mit dem großen Würfel. Die Form, die diesem Würfelbild zugeordnet ist, darf an beliebiger Stelle auf das Blatt Papier gemalt werden. In der nächsten Runde wird erneut gewürfelt, diese Form muss aber so gezeichnet werden, dass sie die erste Form in irgendeiner Weise berührt. Insgesamt wird sechsmal gewürfelt. Zum Schluss gibt jeder Spieler seinem Werk einen Namen oder die Gruppe sucht gemeinsam einen Titel für die entstandene Figur.

Material

Zahlenwürfel für alle Teilnehmer oder ein großer Würfel

Bingo

Die Spieler schreiben auf ein Blatt Papier sechs verschiedene Zahlen zwischen 1 und 50. Die Spielleitung mischt Zahlenkärtchen von 1 bis 50 in einem Behälter. Daraus zieht sie nun eine Zahl, nennt sie laut und legt die Zahl beiseite. Die Spieler gleichen die gezogene Zahl mit ihren Notizen ab. Haben sie einen Treffer, wird die entsprechende Zahl auf ihrem Blatt durchgestrichen. Die Spielleitung zieht so lange Zahlen, bis der erste Spieler seine sechs Zahlen durchgestrichen hat. Er hat das Spiel gewonnen.

Variation

Diese Variante wird mit Buchstaben statt mit Zahlen gespielt. Die Spieler schreiben ein Wort mit einer vorher festgelegten Anzahl von Buchstaben auf. Die Spielleitung zieht aus einem Behälter eine Buchstabenkarte und nennt den Buchstaben. Wer diesen Buchstaben in seinem Wort hat, kreist ihn ein. Allerdings nur einmal, wenn der Buchstabe häufiger vorkommt. Deshalb werden die Buchstaben nach dem Ziehen wieder in den Behälter geworfen.

Die Spielleitung zieht so lange Buchstaben, bis der erste Spieler alle Buchstaben seines Wortes eingekreist hat. Wer als Erster alle Buchstaben seines Wortes eingekreist hat, hat gewonnen.

Material

Zahlenkärtchen von 1 bis 50, Behälter, evtl. Buchstabenkärtchen

Namenrätsel

Die Aufgabe bei diesem Spiel besteht darin, den eigenen Namen als Bilderrätsel zu malen. Der Fantasie sind keine Grenzen gesetzt. Die einfachste Form ist, dass ein Spieler jeden Buchstaben durch ein Anlautbild symbolisiert. Es ist aber ebenso erlaubt, ein oder zwei Teile eines Namens durch ein Bild darzustellen und einzelne Buchstaben dazuzuschreiben. Es empfiehlt sich, dass die Spielleitung zur Vorbereitung ihren eigenen Namen als Bilderrätsel umsetzt.

Alle Flummis springen hoch

Der Spieleklassiker „Alle Vögel fliegen hoch" hat bis heute wenig von seinem Reiz verloren. Dies ist eine modernere Variante, die zugleich die Fantasie der Spieler anregt. Die Spieler sitzen am Tisch und trommeln mit ihren Zeigefingern auf die Tischkante. In der ersten Runde gibt die Spielleitung das Kommando und sagt: „Alle Flummis springen hoch." Die Spieler müssen genau zuhören, ob das Kommando stimmt oder nicht. Ist es richtig, heben sie bei „hoch" die Arme. Ist es falsch, zum Beispiel „Alle Flummis springen tief.", trommeln sie weiter. Die Spielleitung und im Folgenden die Spieler bestimmen jeweils den nächsten Kommandogeber. Dieser muss die „Flummis" durch einen anderen beliebigen Begriff ersetzen. Die Mitspieler müssen jetzt blitzschnell prüfen, ob der genannte Gegenstand wirklich springen kann oder nicht.

Ein Bild nachzeichnen

Die besondere Herausforderung bei diesem Spiel ist, dass die Spieler beim Nachzeichnen nicht auf das Blatt, sondern auf die Tafel schauen. Jeder Spieler hat ein DIN-A4-Blatt und einen Stift in der Hand. Die Spielleitung zeichnet Schritt für Schritt ein abstraktes Muster mit acht bis zehn aneinanderhängenden Elementen (Striche, Dreiecke, Rechtecke, Kreise) an die Tafel. Die Spieler schauen auf die Tafel und zeichnen gleichzeitig die Figur nach. Am Ende werden die Werke verglichen und mit Titeln versehen.

Variation

Die Spieler halten sich ein Blatt vor das Gesicht. Sie zeichnen mit dem Stift ihr eigenes Gesicht. Die so entstehenden Masken können – mit Bändern versehen – sogar für einen Auftritt oder für den Maskenball dienen.

Material

evtl. Bindfaden oder Wolle

Bewegungsspiele

Jack saß in der Küche mit Tina

Für dieses Spiellied sind Text und Melodie des Lagerfeuerliedes „Jack saß in der Küche mit Tina“ erforderlich. Die Spielleitung singt das Lied vor. Der Text ist einfach, es wird dreimal wiederholt: „Jack saß in der Küche mit Tina.“ Die Spieler singen mit und klatschen dabei im Takt abwechselnd auf die Oberschenkel und in die Hände. Die letzte Zeile lautet: „und spielt auf dem ...“ An dieser Stelle ergänzt die Spielleitung ein Musikinstrument und macht eine passende Handbewegung dazu. Die Spieler ahmen die Bewegung nach und geben das Instrument lautmalerisch wieder. Zum Beispiel:

- Klavier: „ping ping ping ping ping“ – die Finger zappeln vor dem Bauch
- Flöte: „fli fli fli fli flie“ – die Hände zappeln wie beim Flötenspiel
- Geige: „fideleido“ – der linke Arm wird ausgestreckt und die rechte Hand streicht als Bogen in der Luft darüber
- Trommel: „bum bum bum bum bum“ – die geballten Hände trommeln im Takt in die Luft

Variation

Als Variante des Spiels kann der Text des Liedes auch gesprochen werden.

Material

Liedtext und Noten

Lirum, larum, Löffelstiel

Die Spieler sitzen so, dass sie die Spielleitung sehen können. Die Spielleitung nimmt den Löffel und macht damit Bewegungen vor. Dabei spricht sie den Satz: „Lirum, larum, Löffelstiel, wer das kann, der kann sehr viel." Sie gibt den Löffel an den ersten Spieler weiter, der die Bewegungen nachmacht. Der Spieler wandert durch den Klassenraum und jeder Spieler macht die Bewegungen nach. Die anderen Spieler klatschen, je nachdem, wie gut der Spieler die Bewegungen nachgemacht hat.

Material

Löffel

Tauschgeschäft

Für dieses Spiel stehen die Spieler im Kreis. Bevor es losgeht, werden den Spielern Zahlen von 1 bis 6 zugeordnet. Dafür zählen die Spieler laut durch, der erste nennt die 1, der zweite die 2 bis der sechste die 6 genannt hat, der siebte Spieler sagt wieder 1 usw. Wenn jeder Spieler seine Zahl hat, würfelt die Spielleitung mit zwei Würfeln gleichzeitig. Alternativ zieht sie zwei der verdeckt ausliegenden Zahlenkarten. Die Spieler mit den Ziffern, die gezogen wurden, wechseln blitzschnell den Platz. Die Spielleitung stellt sich an einen der Plätze, sodass ein Spieler keinen Platz im Kreis mehr hat. Er darf als nächstes würfeln bzw. die Zahlenkarten ziehen. Das Spiel kann nach jeder Runde beendet werden.

Material

zwei große Zahlenwürfel aus Schaumstoff (alternativ: sechs große Pappkarten, auf denen die Zahlen von 1 bis 6 stehen)

Denkmal

Die Spielleitung wählt eine ruhige Musik aus, zu der die Spieler sich langsam bewegen können. Die Musik beginnt. Die Spieler gehen langsam im Rhythmus der Musik durch den Raum und bewegen dabei Oberkörper und Arme im gleichen Tempo. Die Spielleitung stoppt die Musik und die Spieler bleiben in der Pose stehen, in der sich ihre Körper in dem Moment befinden. Erst wenn die Spielleitung ein Signal gibt oder die Musik wieder einschaltet, dürfen sich die Spieler bewegen.

Variation

Die Spieler werden in zwei Gruppen aufgeteilt. Jeweils eine Gruppe bildet die Skulpturen und die andere Gruppe stellt die Besucher dar, die ein „Foto" von der Kunst machen. Es bilden sich Paare aus je einem Denkmal und einem Besucher. Die Besucher platzieren sich mit Stift und Papier am Rand des Raumes. Die Spielleitung lässt die Musik laufen und die Denkmal-Gruppe geht langsam durch den Raum und bewegt dabei Oberkörper und Arme.

Wenn die Musik stoppt, bleiben die Spieler der Denkmal-Gruppe stehen und die Spieler der Besucher-Gruppe zeichnen ihre vorher festgelegten Partner als Kunstwerke. In der nächsten Runde wird getauscht.

Material

Musik

44

Mein Board, das hat vier Räder

Dieses Spiel ist eine Abwandlung des Klassikers „Mein Hut, der hat drei Ecken“. Es wird auf die Melodie des Spielliedes gesungen: „Mein Board, das hat vier Räder, vier Räder hat mein Board und hätt’ es nicht vier Räder, dann wär’ es nicht mein Board.“ Die Spielleitung singt oder spricht den Text und macht zu jedem Wort eine passende Bewegung. Die Spieler wiederholen die Bewegung. In der ersten Runde wird der Text mit den Bewegungen gesungen oder gesprochen. In der zweiten Runde werden nur die Gesten gemacht.

- mein: auf sich selbst zeigen
- Board: ein Oval in die Luft zeichnen
- das: erhobenen Zeigefinger zeigen
- hat, hätt’, wär’: in die Hände klatschen (als hätte man eine Fliege gefangen)
- vier: mit jeder Hand zwei Finger hochhalten
- Räder: mit Daumen und Zeigefinger einen Kreis bilden
- nicht: Kopfschütteln

Variation

Die Bewegungen werden in mehreren Stufen eingeführt, der Text wird siebenmal gesungen oder gesprochen. In der ersten Runde mit allen Bewegungen. Danach wird in jeder Runde ein Wort durch eine Bewegung ersetzt, sodass am Schluss nicht mehr gesprochen, sondern nur noch die Melodie zu den Bewegungen gesummt oder komplett geschwiegen wird.

45

Achterbahn

Bei diesem Spiel können die Schüler auf ihren Plätzen sitzen bleiben. Es lässt sich aber auch in der Turnhalle, auf der Wiese und sogar im Bus spielen. Die Spieler sitzen bzw. stehen so, dass sie die Spielleitung im Blick haben. Diese beschreibt die gemeinsame Fahrt in der Achterbahn und macht die entsprechenden Bewegungen dazu. Die Spieler bewegen sich in gleicher Weise, zum Beispiel:

- „Die Achterbahn wird bereitgestellt, sie ruckelt noch etwas." (Die Schultern werden leicht geschüttelt.)
- „Oh, jetzt geht es los und gleich steil nach unten." (Der Oberkörper wird weit nach vorne gebeugt.)
- „Da ist eine Linkskurve." (Der Oberkörper wird nach links gebeugt.)
- „Puh, jetzt geht es erst mal geradeaus." (Der Oberkörper wird nach hinten gelegt.)
- „Nein, eine Rechtskurve." (Der Oberkörper wird nach rechts gebeugt.)
- „Und gleich eine Linkskurve." (Der Oberkörper wird nach links gebeugt.)

Das Spiel endet damit, dass die Achterbahn ankommt und die Mitfahrer aussteigen, dabei werden die Beine ausgeschüttelt.

Variation

Statt der Spielleitung beschreiben die Spieler reihum die Fahrt auf der Achterbahn und denken sich entsprechende Bewegungen aus. Dazu empfiehlt es sich, dass sich vorher jeder Spieler überlegt, was er auf der Achterbahn erlebt und wie er das darstellen würde.

Luftballonjagd

Die Spielleitung übergibt einem Spieler einen Luftballon. Dieser muss ihn in der Luft halten und sich dabei durch den Raum bewegen. Die anderen Spieler versuchen, ihm den Ballon abzujagen. Dabei dürfen sie den Spieler nicht berühren, sondern nur den Ballon. Wer den Ballon erobert, wird als Nächster gejagt.

Material

Luftballon

Frage-Ball-Spiel

Dieses Spiel kann sowohl im Klassenraum als auch in der Turnhalle oder auf dem Schulhof gespielt werden. Wichtig ist, dass die Spieler nicht zu weit voneinander entfernt sind. Vor Beginn des Spiels wird das Thema festgelegt, um das es geht, zum Beispiel Lieblingsfilme oder Urlaubserlebnisse. Die Spielleitung stellt eine Frage wie „Wann warst du zuletzt im Kino?“ und wirft den Ball einem Spieler zu. Dieser beantwortet die Frage, formuliert eine neue Frage zum Thema und wirft einem nächsten Spieler den Ball zu. Das Spiel ist beendet, wenn alle Spieler eine Frage gestellt haben.

Variation

Als Thema wird ein aktueller Lernstoff vorgegeben und Fragen und Antworten müssen einen Bezug zu dem Thema haben.

Material

Schaumstoffball oder Jonglierball

In allen vier Ecken

Mit diesem Spiel können die Schüler sich kurz bewegen und entspannen. Die Spielleitung weist jeder Ecke im Raum eine Antwort zu einer Frage zu, zum Beispiel zu der Frage „Was isst du am liebsten?“ – Pizza, Nudeln, Pommes, Salat – oder zur Frage „Welche Fußballmannschaft findest du am besten?“ – Dortmund, Bayern München, Werder Bremen, TSG 1899 Hoffenheim. Sobald die Spielleitung das Startzeichen gibt, verteilen sich die Spieler auf die Ecken.

Variation 1

Das Spiel kann mit einem Lernstoff verknüpft werden. Dann gibt die Spielleitung vier Antwortmöglichkeiten zu einer Wissensfrage vor, zum Beispiel „Wie heißt die Rückenflosse des Delfins?“ – Finne, Fluke, Flipper, Fabian.

Variation 2

Ebenso eignet sich das Spiel, um ein schnelles Stimmungs- oder Meinungsbild in der Gruppe zu bekommen. Die Spielleitung gibt das Thema vor, zum Beispiel das Ziel der Klassenfahrt und weist jeder Ecke ein Ziel zu. Auf das Startzeichen verteilen sich die Spieler und es wird bald ein Favorit deutlich.

49

Tierpark

Das Spiel beginnt damit, dass die Spieler reihum ihr Lieblingstier nennen. Doppelungen sind erlaubt und auch erwünscht. Die Spielleitung merkt sich die Tiere oder notiert sie. Anschließend zählt sie Tiernamen auf (Hund, Katze, Maus, Tiger, Elefant ...) und mischt darunter Tiere, die die Spieler genannt haben. Sobald ein Spieler sein Tier hört, steht er auf und bleibt stehen. Das Spiel ist beendet, wenn alle Spieler stehen.

Variationen

- Das Spielprinzip bleibt gleich, allerdings stellen sich die Spieler zum Spielstart auf. Hört ein Spieler sein Tier, darf er sich hinsetzen. Das Spiel endet, wenn alle Spieler sitzen.
- Diese Spielvariante eignet sich für Spielleitungen, die gerne Geschichten erfinden. Statt die Tiernamen aufzuzählen, baut die Spielleitung die Tiere in eine Geschichte ein. Die Spieler, deren Tiere genannt werden, stehen auf und setzen sich gleich wieder.

ISBN 978-3-7698-2466-7

ISBN 978-3-7698-2465-0

ISBN 978-3-7698-2449-0

ISBN 978-3-7698-2450-6

ISBN 978-3-7698-2397-4

ISBN 978-3-7698-2398-1

ISBN 978-3-7698-2399-8

ISBN 978-3-7698-2400-1

ISBN 978-3-7698-2374-5